女2人旅
バリではじめる心の終活

岡本弥生　舛田有美

心の終活をはじめよう

大満足の人生を送るために、大切なことは何でしょうか？　いろいろな答えがあると思いますが、大事なことの一つは「自分と向き合うこと」ではないでしょうか。

特に年齢を重ねていくと「死」への意識が高まっていきます。それと同時に「悔いのない人生を送りたい」と感じるようになるのではないでしょうか。

今、世の中では「終活」という言葉が流行しています。終活とは、人生の終わりに向けて、自分の身支度を整えること。残された家族や知人に迷惑をかけないように、身辺整理や死後の準備をすることです。その中で、最も重要な行動とは一体何なのでしょうか。お金や持ち物の整理？　それとも葬儀の仕方を決めたりお墓を探すこと？

いえいえ、終活に一番大切な行動とは、そうです「心の整理」です。

私たちは、今まで、メディアなどが終活を取り上げるたび、お金の整理や断捨離はするのに、どうして一番大切な心の終活を取り上げないのだろう？　と思っていました。心が豊かであれば、人は最高に幸せを感じるのに、人生の最期に向けて、どうして自分の心を見つめ直すということを考えないのだろう？　と。

だから、今回はあえて「心の終活」というテーマを持って旅立ちました。「心の終活」とは、今までの自分を顧みて、素敵な最後を飾る人生総仕上げのことを言います。

時間は、あっという間に過ぎていきます。だからこそ、生きている今、心の終活という意識を持つことが必要なのです。

そんな心の終活をするべく、私たちが選んだのが、今回の旅の舞台、バリ島です。

神秘に満ちた島バリ島

バリ島は、神々が棲む島とたたえられ、島全体がパワースポットといってもいい過ぎではありません。自分と向き合うのに適したこの場所は、世界中探してもそうないでしょう。

また、バリ島には、バリアンと呼ばれる人たちがいます。バリ島の人々にとってバリアンは、心身の不調を治してくれる医師であったり、さまざまな問題を解決してくれるカウンセラーだったりします。バリアンは人々から尊敬され、慕われる、バリ島にとってなくてはならない存在です。

そこで、私たちはぜひ現地を訪れて、バリ島の中でも厚い信頼を受けているバリアンに会い、より良い未来にするために、人生や自分の身体のこと、守護神や自分が直さなくてはいけないところを聞き、良い方向に導いてもらいたいと思いました。

いつかは来る最期の時。その瞬間に後悔することがないように。そして「最高に楽しく生きてきました」と笑顔で報告できるように。

あなたも神秘のエネルギーに満ち溢れたこの島で、自分と向き合う旅に出発しませんか？

女2人旅　バリではじめる心の終活

目次

rante ans de
à la France.
j'entendis
de réciter.
voir dire tout
ticipes, bien
is je n'en
cœur gros,
s la voix de
ferai pas de
que c'est.
en le temps.
vois ce qui
reur de notre
struction à
en droit de
ue vous êtes
écrire votre
Frantz, ce
ous avons
nous faire.
us envoyer à
r travailler
bi-même,
que je ne
ns mon jar-
leçons? »
se mit à
disant que
de, la plus
garder entre
quand un

日本の元首相も救われた⁉
インドネシアの伝統的治療師

チョコルダ・グデ・ライ氏は、バリの伝統薬学と治療法に秀でた「ドゥクン」。ドゥクンとは、インドネシア・マレー系の伝統的治療師のこと。彼のことを知る多くの人は、チョコルダ氏のことをバリアンと呼びますが、チョコルダ氏ご本人は、自身をドゥクンと名乗っています。ドゥクンは病気や身体の痛み、さまざまなストレスなど、精神面から心身の状態までを読み取って治療することができるスペシャリストです。

多くの人を助ける カリスマドゥクン

有名なバリアンは何人かいますが、チョコルダ氏も世界中から厚い信頼を集める1人。自然界のパワーと植物のエネルギーで治療し、多くの人を助けています。痛みや苦しみから解放され、笑顔で暮らせるようになったという声が、後を絶たないと聞きます。過去には日本の元首相を治療したこともあったそう。御年80歳を過ぎていらっしゃいますが、優しい眼差しの奥にある鋭さは、威厳に満ちています。私たちが訪れた日、9時前にヴィラを出たのに、すでに6~7人の西洋人が訪れていました。

順番がくるとチョコルダ氏の前まで行き、治療が始まります。治療は木のスティックで足の指の間のツボを押し、体内バランスや治療レベルを確かめます。不調なポイントのツボに触れた時は、飛び上がるほど痛みが走ると聞いていたのですが、私たちは「2人とも健康、どこも悪くない」と、お墨付きをもらうことができました。

続いて「負担もないし、重荷もない。重荷がある人はここが痛いんだ」と言いながら、足の指を押さえられました。一箇所、イタッと思わず声が出るくらいの痛みが……。すると「集中できていない」と言われ、気を流してくれました。その後また同じツボを押されると……。今度は嘘みたいに全然痛くありません。チョコルダ氏は「今、バランスシステムを治したよ」とにっこり。そしてお礼を言って帰ろうとした時、ちょっと待ってと引き留められ、私の額に手を乗せて動かし始めました。何やら文字のような記号のような、おまじないかしら？　と思い、「今のは何ですか？」と聞くと、チョコルダ氏は優しい表情で「お祈り。ハッピーになるよ」と言ってくださったのです。

チョコルダ氏の知人も「今の治療は見たことありません」と。どうやら特別な治療をしてくれたようです。もう、これで心はいつもハピネス！　幸せになれます。

思いが強ければ、いつか必ず繋がります

チョコルダ氏の治療は予約が取れにくいことで有名ですが、あなたにとって必要なら、いつか必ず繋がるはず。「会いたい」という真剣な思いがあれば、必ず会うことができるでしょう。

世界から信頼されているドゥクン、チョコルダ氏からのメッセージ

チョコルダ氏はインタビューをほとんど受けないと聞いていたので、断られる覚悟で取材を申し込みました。しかし「人の役に立って楽しんでもらえるならどうぞ聞いてください。人がハッピーになることならぜひ書いてください」と笑顔でOKしてくださいました。これは、私たちの思いが通じたと同時に、チョコルダ氏の知人であった通訳さんのおかげです。

この通訳さんとの出会いもまた、神様が引き合わせてくださったご縁なのでしょう。早速、日本から考えてきた質問を4つ聞いてみました。

Q1

悪いところはどうやって見分けるのですか？

A

その人のパワーが分かる。だから、中の力が分かるんだ。

Q2

チョコルダさんが一番大切にし、そして伝えていきたいことは何ですか？

A

笑顔でいること。何があっても笑顔で乗り越えていこうという気持ちを大切にしている。なぜなら、身体を壊す原因は、偏った考え方やエゴからくるからね。

Q3

トラブルが起きた時は、どのように対応されていますか？

A

まず頭に手を置き、古い考えや悪い考えは捨てる。そして良い考えだけを取り込むようにしているよ。

Q4

最後に日本人にメッセージをお願いします。

A　今の日本人はアップダウン、波があるね。仕事では必ず結果を出さないとダメ、正解を出さないと意味がないという社会にいる。良くない考えに囚われることが多いうえ、その考えを抑制する術も持っていない。だから病気になるんだよ。頭でっかちに考えすぎないようにすることが大切だね。

他者を幸せにする

今回、チョコルダ氏を長年師と仰ぐ方とご縁があり、こんなお話を聞くことができました。

「先生の素晴らしいところは、とりとめのない話の中にあえて素晴らしい言葉を隠しているところです。先生のモットーは〝be happy another people（他者を幸せにすること）〟。先生のような生き方は、大げさかもしれませんが、人類にとってお手本と言っても言い過ぎではないでしょう。先生が行なった治療で、私が最も驚いたのは、正座もできないくらい重症だった腰痛持ちのカメラマンが、たった5分、先生が治療しただけで正座ができるようになったことです。先生は、身体の動きだけで患者に自然のパワーを注入します。身体に足りない部分を大宇宙からエネルギーをもらって、バランスをとるのです。

先生は、病気の原因は三つあると言います。一つ目は気候、二つ目は食生活。そして三つ目は考え方です。気候は自分でコントロールすることはできませんが、食生活と考え方は自分でコントロールできますよね。病は気から、と言いますが、まさにその通りで、ネガティブな思い込みは自分自身を縛ってしまうと思います」

ウブドの王族として高貴な家柄に生まれ、80歳を過ぎた今も治療を施されているチョコルダ氏。取材中、広大なご自宅の敷地内にある治療室で目を細めながら私たちに優しいまなざしを向けられる師の横顔は、慈愛に満ちあふれていました。

生き返った高僧
イダ・レシ氏の浄化儀式

バリヒンドゥー教では、一番神聖なムルカット（沐浴）は、高僧に執り行なってもらうものだと言われています。その体験をするため、私たちはイダ・レシ氏のもとを訪れました。

彼女はお祈りを終えると、自分の前に3人ずつ呼びます。そして3人が前に出ると、静かに浄化の儀式が始まります。マントラを唱えながら、大量の水が頭上にかけられていくのです。私たちも体験しましたが、全身の毛穴が一気に開き、不思議な感覚が全身を覆います。これは現実なのか、はたまた夢の中なのか。現実と夢の間を彷徨《さまよ》っている感じ。浄化の儀式は数分だったのでしょうが、とても長い時間に感じられました。終わった後は、身体の細胞が生まれ変わったかのような爽快感に包まれました。

浄化の儀式を終えた後、イダ・レシ氏から特別にメッセージを頂きました。

突然訪れた生死の境

「私は高校を卒業して、なかなか仕事が決まりませんでした。19歳の時、寺院で瞑想していると、突然トランス状態に陥りました。その時『高僧になって儀式を執り行なうように』という声を聴いたのです。戸惑いながら瞑想を続ける日々を送っていたら、ある日突然倒れて意識を失いました。家族や親戚一同がパニックになり、神様にお祈りをしていたら、翌朝目を覚ましました。家族がミーティングをして、高僧になる儀式が必要かどうかを高僧に尋ねに行きました。私は、目は覚めたものの、体調はしばらく不調で、3週間ほど経ってようやく普通に戻りました。そして高僧になる儀式を受けてから2カ月後、正式に高僧になりました。

20歳の時、高僧になる儀式を受けたのですが、自分では勉強していないのに、急にマントラが口から出てきたのです。その時、初めて力があることを自覚しました。その後は、もっとパワーが付くように、ロンタール（秘伝の書）で勉強したり、高僧に教えを請うたり、瞑想しながら力をつけていきました。
〝自分の中の種〟を見つけたら、自分で成長させる。自分の努力で芽を出させることが大切なのだと思います。

人は誰でも使命がある

人間は、生まれてから死ぬまで、役割があります。魂の生まれ変わりの時点で、役割を持って次に生まれ変わってきています。その役割というのは、ちょっと神秘的なもので、自分でもよく分かりません。自分も、まさか高僧になるなどとは思ってもいませんでした。けれどもこういう人生になって、役割を得ました。医者になったり、学者になったりするのも、人それぞれの役割があるからなのでしょう。

お坊さんやバリアンは、自分の意志に関係なくパワーを授かってなる場合と、努力してなる場合と2通りあります。どちらもそれぞれにパワーが違い、私は、自然からパワーを授かり、ある時点から自然と役割に気づくことになりました。そうなったらその役割を断ることができなくて、それを受け入れることしかできません。断ると、自分が病気になったり、家族がトラブルに巻き込まれたり、おかしなことが起こるのです。私がもし勉強して高僧になった場合は、病気になって倒れるなどのプロセスは通らなかったかもしれません。バリヒンドゥー教は、生まれ変わりを信じています。過去の宿題を果たすため、今生生まれてきました。

人はそれぞれに役割があります。カルマを果たすには、ちょっとしたサインを見つけ、そこから掘り下げていくこと。ことに、好きなことを掘り下げていくと、気付きがあります。掘り下げていくのは、自分の努力。自分に合うものを見つけるのです。それで、人の役に立って良いカルマをどんどん作っていく。正しい道への努力なのか、どうなのか。瞑想で直感を研ぎ澄ましながら、自分の直感で見極めていくことが大切なのです」

インドのサイババを師とする女性バリアン

この日、私たちはサイババからコンタクトを受けた女性バリアン、アユ・ラクシュミ氏に会いに行きました。インドのサイババを師としているバリアンは、ここ、バリ島ではとても珍しい存在。ですから、個人セッションが楽しみで仕方ありませんでした。

訪れたのは、閑静な住宅街の中にあるアユ氏のご自宅。門をくぐるとすぐに大きなガネーシャの像があり、その奥にはシヴァ神が祀《まつ》られています。シヴァ神のさらに奥には広いお祈りの場所があり、ここで待っていると祭壇がある奥の部屋へ一人ずつ呼ばれ、アユ氏の前まで行きました。

まるで迷宮に迷い込んだかのよう！

祭壇がある部屋は薄暗く、インドの音楽が流れていることもあり、まるで迷宮のようなたたずまい。祭壇にはサイババの写真がたくさん飾られていて、その写真には白い粉がついていました。聞けば、ヴィブーティーという聖灰で、なんとサイババの写真を飾っていると、自然と湧き出てくるのだとか。

不思議な空間に目を見張っていると、インドのサリーを纏《まと》ったアユ氏が登場。彼女の姿は今まで会ったバリアンとは違って煌びやかな雰囲気で、質問するのも忘れてしまうほど目が釘付けに。

アユ氏は、占いで健康や仕事、今抱えている悩みを解決し、自分のオーラの色や守護神を教えてくれます。また、ネガティブエネルギーがあれば、その場で浄化もしてくれます。私たちは前々から聞いてみたかった仕事のこと、守護神のこと、自分のオーラ、直すべきこと、人生の課題、自分の使命を果たせているか？　守護神からのメッセージ、そして天国へ行った大切な人からのメッセージなどなど、多くのことを聞いてみました。するとアユ氏は力強い言葉で明確に答えてくれ、最後にこうおっしゃったのです。

「あなたは良いカルマ（業）だから、今、あなたについてくれている神様のパワーをもらってください」と。

心が解き放たれ、心身ともに軽く

そしてアユ氏に促されて彼女の前まで行くと、鈴を鳴らし、マントラを唱えて儀式が始まります。儀式が終わると額に赤い印をつけてくれ、傍らにあるベッドで足の指を触ってネガティブエネルギーのチェックをしてくれました。その後また鈴を鳴らし、マントラを唱えて浄化の儀式です。この時の鈴の音が透き通るような透明感で、思わずウトウトとしてしまうほど。ネガティブエネルギーをチェックしてもらっているときは少し痛かったけれど、いつまでもこの空間に身を置いていたい、そんな不思議な気持ちになりました。

バリ島に導かれた占い師
松原亜希子さん

今回の旅のプランはどれも楽しみにしていましたが、占い師・松原亜希子さんの占いも心待ちにしていた一つ。いろいろな方がブログで一様に「素晴らしい！　行って良かった」と絶賛されていたので、これは絶対に診てもらわねば、と思っていました。けれども松原さんは、ご都合によりしばらくお休みされていたので、今回のバリ旅行でお会いできるかどうか分からなかったのです。ただ、私たちにとって松原さんが必要な方なら必ずお会いできるはず！　と強い気持ちで流れに任せることにしました。すると、バリに出発する直前、なんと松原さんにお会いできるという話が舞い込んできたのです。

神様ありがとう！　どれほどお礼を言ったことでしょう。計画していたプランをすべて変更し、私たちはウブド市内から車で約70分のシドゥメン村にいる松原さんに会いに行くことにしました。

悩める相談者の心のよりどころ

松原さんの占いはとても明確で、奥が深いのです。それは、彼女のこれまでの経験と、人生の幅から来ているものかもしれません。彼女が纏《まと》っている静けさの中にある芯の強さ。そんな占い師には今まで出会ったことがありませんでした。男女問わず、松原さんのファンが多いのは、そのような理由からきているのかもしれません。

バリ島の旅のプランがまだでしたら、ぜひ、松原さんの鑑定を受けてみてください。そして、自分や家族、恋人、仕事、自分の使命など、聞きたいことをすべて聞いてみてください。彼女に会えば、きっと、今まで見えていなかったもう1人の自分を発見できるはずです。

日本で大人気！　バリ島在住の占い師、松原亜希子さんからのメッセージ

　手相診断の後、松原さんは、多忙な合間を縫って、私たちの質問に応えてくださいました。

Q1

　松原さんが手相を意識されたのは、いつ頃ですか？

A

　子どもの頃、本屋で手相の本を見つけて親に買ってもらいました。ただ、本を買ってもらったからといって、占い師になろうと思ったわけではありません。よく聞く不思議体験のようなものもありませんでした。ただ、占いの本はいつも自分の近くに置いていました。いつでも読めるように。

Q2

　なぜ日本でなく、バリ島で占い師をしようと思ったのですか？

A

　実は、どのようにバリ島に来たか、自分でもよく分からないんですよね。私としては、惑星探査機か何かで打ち上げられて、気がついたらバリにいた、みたいな。そんな感覚なんです。

　バリ島で本当に良かったのかどうかは今でも分かりません。けれども今、自分がここにいるということは、何かしらの意味があったのだと思います。

Q3

　なぜ手相でその人の本来の性格や運命が分かるのでしょうか？

A

　手相占いというと、手のひらを見ると思っている方が多いと思います。でも本当は、手つき。手の形を見ているのです。手は身体の一部で持って生まれたもの。だから、可能性の幅は初めから決まっているのです。手の

形が手相を作ります。手の形に付随して、運命が決まります。たとえばぽっちゃりとしたふくよかな手にそぐわない繊細な線があるとすれば、それはどこかに無理があるということ。

ほかにも、指が長くてゴツゴツしている人は、理屈っぽいという特徴があります。私がそうなんですけれどもね。

私は手相を通じてその人の特徴を見て、これを才能として生きていきなさい、ということをお伝えしています。才能が分かれば、自分が何をすればいいかが分かってきます。だから楽に生きられるのです。

もし、自分に足りないところがあったら、その力を借りてくればいいんです。借りることも自立の一つですから。頼れる人がいるということも、自立した大人の証拠になります。これが、人間関係です。このような人間関係から世の中が生まれてくるのです。

Q4

松原さんは欠点をどう捉えていますか？

A

私は、欠点というのは、人との関係性によるものだと思います。たとえば、自分が授かった才能を道具と考えたとき、その道具がハサミの人と、包丁の人がいたとします。髪を切ってもらいたい人には、ハサミが必要ですよね。でも、髪を切ってもらいたい人が、もし包丁の人に当たったらどうやって髪を切るの？　という話です。このように、もし、人から欠点があると指摘された時、私は自分と相手の間で足りない物は何かを考えます。欠点は、相手との関係性によるものですから。もし、欠点を直そうとすることで相手との関係性がこじれるのなら、直さない方が良い場合もあります。欠点は、克服するものではなく、個性の一つ。欠点があることで、却ってその人の魅力になることもあるのです。それは、自分を知らないと自分を失うことにもなりかねないということです。

Q5

松原さんにとって占いとは何

ですか？

Ａ　占いは、迷っている人の道しるべと捉えています。たとえば電車に乗る時、路線図があったとしても、自分が何を望んでいるかによって、行き方も変わってきますよね。早く目的地に着きたい人もいれば、できるだけ交通費をかけたくない人もいる。あるいは景色を楽しみながら行きたい人もいます。行き方は、人それぞれです。路線図を見て、一目で理解できる人は少ないと思います。私の役目は、みなさんが望んでいる経路を案内する係。一緒に路線図を見ている人にすぎません。最終的に決めるのは本人です。

Ｑ６　最後に、日本人にメッセージをお願いします。

Ａ　占いは、人が見つけてきた、先を予測する道具の一つです。利用するか、利用しないか。やってみるか、やってみないか。軽い気持ちで捉えてもらえたら良いですね。中には占いに頼るなんて……と、ネガティブに捉える人もいますが、まだ科学が発展していない時代には、非常に感覚が優れた人たちのインスピレーションによる占いが機能していました。しかし、インスピレーションを得るというのは、個人的な能力に縛られますよね。ですから、誰でも使える、そして、万人に通用するように研究する必要がある。その結果、できたのが占いです。占いは役に立つことがあるから、残されてきたとも言えるでしょう。世の中が発達してあらゆることが明確になってくると、曖昧さがなくなってきます。ですが、曖昧性も必要です。たとえば円周率を例に挙げると、円周率には終わりがありませんよね。しかし私たちは円に近いものの中で普段生活をしています。曖昧な部分があっても存在している部分があるんです。

何かヒントが欲しい、もしそんな風に思っているなら占いを上手に利用してください。何かヒントが見つかるかもしれません。

行きと帰りは別々に

今回のバリ旅行。

私たちは現地のホテルで待ち合わせしました。一人は直行便で、もう一人は乗り継ぎ便でバリへと向かったのです。

「ええ!? 同じ場所に行くのに、どうしてわざわざ別々の飛行機で行くの？ 本当は仲が悪いんじゃない？」なんて思う人もいるかもしれませんね。

でも、仲の良い2人だからといって、いつも一緒に行動する必要はありません。試しに、いつも旅を楽しむ仲間と別々の飛行機で現地入りしてみてください。きっとテンションが上がりますよ！

想像してみてください。すごく仲の良い2人が移動の間、ずーっとおしゃべりしていたとします。そのとき、たとえば遠目にあなたのことを「素敵な人だなぁ」と思ってくれていたとしても、話しかけてくる人なんていません。だって、2人の間に入る隙がないのですから。

旅の移動は、新たな出会いのチャンス

「袖振り合うも多生の縁」とはよく言ったもので、旅の移動は、自分とは違う経験を積んだ人に出会う絶好のチャンスです。こういうときこそ縁がある人と出会ったりするんです。それは、旅の一瞬のことかもしれません。けれどもそこからいろんな情報を得たり、いろんな繋がりができたり、これからの人生にプラスになることが多いのが、旅先で出会う相手なのです。

どうですか？　ちょっと面白そうだと思われたのでは？

もし少しでも興味をお持ちになったのなら、次からはぜひ現地集合で旅をスタートしてみてください。そして時間に余裕があれば、目的地に着く前にどこかに立ち寄ったり、日頃なかなか会えない人に会ってから現地入りしてみてください。

そんな自由な時間を持ちながら現地入りした2人の表情は、最高にワクワクしていることでしょう。

死ぬかと思った！ティルタ・スダマラ寺院の沐浴《もくよく》

遊ぶ場所が少ないバリの人々にとって、沐浴はさながら遊園地や温泉に行くような感覚なのだとか。けれども水が苦手な人間にとって、沐浴で有名な「スパトゥの滝」なんてもってのほか。だからバリでの沐浴は半ばあきらめていたんです。

ところが、ウブドから東へ1時間ほど行ったbangli(バンリ)に、自然に囲まれた沐浴場「Tirta Sudamala（ティルタ・スダマラ）寺院の沐浴」があることを知りました。

ここは、穏やかな空気感に満ちた神聖な場所。そのうえロケーションもとても美しく、ここなら激しい滝に打たれることもなさそうと、スピリチュアル専門の旅行会社「dari HATI BALI（ダリ・ハティ・バリ）」が行なうツアーに早速申し込みました。

想像以上の水量に高鳴る心臓

ところが、現地についてみると、目の前に現れたのは山から勢いよく流れ出している水と、ゆるやかな流れの大きな川。

「まさかこの川に浸かるの？」

嫌な予感は当たりました。

川辺にある小さなお寺でお祈りした後、静かに川の中に入って行くのです。心臓はドクンドクンと脈を打ち出しました。川の深さは膝くらい。流れも見た目よりかなりスピーディーです。まずは第1の川辺の吹き出し口で頭や顔を洗い、続いて対岸の第2の吹き出し口で、先ほどと同様に頭や顔を洗います。そして第3の吹き出し口では、いきなりハードルが上がり、うつぶせで頭まですっぽり3回浸かるという荒業。

「やっぱり止めます！」と言いたくなったけれど、ここに行こうと言い出したのは私。しかも、もう立派な大人です。背後からは相棒のクックックッと笑いを抑えた声が聞こえています。

顔面蒼白！
どれだけ清めないと
いけないの⁉

　意を決して頭まで浸かりました。我ながらよくやった！と思っていたのもつかの間、さらなる難関が押し寄せます。なんと4回目の行は、お寺の下にある小さな洞窟の水中に、仰向けになって全身を沈めるというもの。一体、どれだけ清めないといけないのでしょう？

　先にお手本を見せてくれたガイドのワヤンさんも、実はこれが苦手な様子。本場のバリ人でさえ行を行うたびゲホゲホしているのに……。顔面蒼白です。

「神様！これ本当に必要？」と心の中で叫んでいるうちに、残酷な順番は刻一刻と迫ってきます。

　神様と繋がりに来ているのに、もうここまできたら神も仏もない状態です。人差し指で耳栓をし、二度と開かないくらい目をつぶって思い切り息を止め、思っていた沐浴とはほど遠いお清めに、いざ!!

こんなに頑張ったのは小学校以来

　恐怖におののいている体は、硬直状態。おそらく、間違いなくお間抜けスタイルでしょう。けれども、ホッとしている私を横目に、相棒は「ブッーーー！」と抑えきれない笑い声。

「小学校のブクブクパーの世界だったよ。誰にも見せないけど、一応記念として1枚撮っておいたからね～」。

　そうなんです。どんなに嫌なことがあっても、必ず笑いに変

えるのが私たちのルール。

嫌なことが起きたときだって「大丈夫?」なんてねぎらいの言葉はかけません。「なーんて顔してるの~?」と笑いに持っていくのが私たちなんです。

しかし、行は、ここまではまだ助走。メインの水行はこれからが本番です。

水の吹き出し口は全部で12個。チョロチョロと柔らかな水が身も心も緩めてくれる、なんて思っていたら大間違い。水圧は肩に突き刺さるくらいの強さ。懺悔でもしないといけない? って思うくらい、自らを律する辛抱の滝行が続きます。ガイドのワヤンさんは大喜びで水浴びしていましたが、私たちは一点に突き刺さるハードな滝にゆっくりお祈りしている暇はありません。沐浴とはいえないダダダダッーと落ちてくる滝の行は、その後もさらに続いたのです。

終わった後はスッキリ。さらに絆も深く

こうして地獄の沐浴を体験した私たちですが、終わった後はとても清々しい気持ちになっていました。

バリでは、友人や家族、恋人同士で気軽に沐浴をしに行くと聞いていたのですが、その理由がようやく分かった気がしました。だって、こんな経験、1人でするより断然、誰かとした方が楽しいもの。それに苦行を一緒にすると、絶対絆は深まりますよね。

日本にもしこんな風習があったら、離婚や親子でいがみ合うなんてこともないんじゃないかしら? なんて、ちょっと大げさだけれど、そんな思いを抱きながら、沐浴体験を終えた私たちでした。

現地のワルンで出合った極上魚料理

バリ島では、食堂のことをワルンといいます。食べることが大好きな私たち。さらに揃いに揃ってスパイシーなものが大好物！　でも、さすがに現地の人しか行かないようなワルンに行こうとは思っていませんでした。今までは……。

けれども沐浴の後、ガイドのワヤンさんと敬子さんから、こんな提案をされたんです。

「お２人は、魚料理は好きです

か？　この近くに絶品の魚料理を出すワルンがあるのですが、もしお好きなら、行ってみませんか？」。

　あの地獄の沐浴を経験した私たちに、もう怖いものはありません。2人の口から出た言葉は、「ぜひ、そこに!!」

見た目を裏切る クセになる味

　このワルンには現地の人しかいません。メニューも魚一本勝負！　焼くか、煮るか、揚げるかのみ。でも、席数がすごく多いんです。きっと普段から地元の方で賑わっているのでしょうね。とはいえ、あくまでも地元のワルンですから、料理の見た目は良くありません。レベルがマックス5までだとすると、ここは3くらい。でも、見た目に反して味は、ただスパイシーなだけではない、パンチの効いた旨みやコクのある深み。私たちは一瞬で虜になってしまったのです。

グルメな日本人も足しげく通う隠れた名店

　聞けば、この味を求めて多くのバリ人が遠方からやってくるのだとか。そして、魚料理に合うとすすめられたフレッシュジュースも、日本では見たことも聞いたこともない果物でしたが、辛さをふんわりと和らげるのにはぴったりなドリンクでした。

　このワルン、これまで多くの日本人客が訪れていて、皆さんはじめはびっくりするけれど、帰る頃には口を揃えて美味しい！　と感動されるのだとか。侮れない地元のバリ料理。クセになるこの味は、今でもしっかりと記憶に残っています。

超グロテスクなヤギの内臓スープ

バリの旅も中盤。この日は沐浴でお世話になったワヤンさんと敬子さんがすすめてくれるワルンでランチすることになりました。

「今日は、ヤギのサテなんていかがですか？」

え!?　ヤギ？　あのヤギ??

と戸惑いを隠せない私たち。

と言うのも、以前ヨーロッパに行った時、デパートで買ったヤギのチーズがすごく臭くて食べられなかったんです。だから、それ以降、ヤギは避けてきました。でも、敬子さんによると、ここのヤギは全くといっていいほど臭くないのだとか。しかもヤギは草しか食べないから、雑食のブタに比べたらずっとヘルシーよ、と。敬子さんがそこまですすめるなら、と半信半疑でヤギ料理を食べに行くことにしました。

スープの中に浮かぶヤギのモツ

テーブルに着き、はじめに出てきたのは、ヤギの内臓のスープ。ヤギ料理を敬遠していたのにいきなり内臓スープなんて、かなりチャレンジャーだけれど、敬子さんのおすすめとあっては仕方がありません。

テーブルにつき、スープが運ばれてきます。

カレースープの中にヤギのモツが浮かんでる……。

あまりのグロテスクさにかなり引きましたが、せっかくここまできたんだもの。食べずに帰るわけにはいきません。恐る恐るスープを口に運ぶと……。

えっ⁉ 嘘。おいしい‼

あまりのおいしさに、思わず目が合う私たち。そんな私たちの後ろでおばちゃんが素手でジュースを絞っていました。

「ここのサテとみかんジュースは、お店の鉄板メニューなんですよ」と敬子さん。

ヤギ料理への誤解が解けたことで、一気に食べるモード全開の私たち。ぜひ、お願いしますと手絞りみかんジュースとヤギのサテも追加オーダーしました。食べてみると、ヤギのサテは臭みがないうえ、秘伝のピーナッツだれの甘みとコクが絡み合って日本人好み。口直しに挟むみかんジュースとの相性もバッチリです。

実は、日本に帰ってきてからも、私たちはワルンで食べた料理が忘れられなくなりました。二の足を踏んでいたあのワルンが、そして初めて食したヤギ料理が恋しくなってしまうなんて……。

敬子さん、そしてワヤンさん。お2人は、信頼できるバリのアドバイザーであり、ミシュランガイドです。

植物に囲まれ自然に還るサンティカスパ・ゼスト

この日は、ヴィラのオーナー、若菜さんのイチオシスパ「Cantica Spa Zest（サンティカスパ・ゼスト）」にお出かけ。ここは、ウブドの南西、プネスタナン村というところのはずれにあります。ウブド中心部から少し離れていますが、どのホテルも予約すれば無料の送迎をしてくれるので、安心して訪れることができます。

自然と一体になった隠れ家が出現

長閑《のどか》な田園風景が広がる道の先に、そのスパはありました。こちらで使うクリームやシャンプーは、すべてスパで作られた天然物。自然界からの贈り物しか使わないというこだわりをオーナーが持っていて、ヒーリングミュージックもその観点から、鳥のさえずりと風の音だけという徹底した美学を追求しています。

この日は1時間ずつオイルマッサージとクリームバスを受けました。こだわり抜いたクリームやオイルはとてもリッチでありながら、肌にさらっと心地よくなじみます。しかもお値段も日本円で3,208円(※注93ページ参照)と、とってもリーズナブル。

施術後は、オーナー、イブ・ジェシ氏のインタビューも叶い、話をお聞きするすることができました。

彼女をひと目みるやいなや、2人とも目は釘付け。と言うのも、彼女の大きな目からは、情熱があふれ出ていたのです。そして、彼女の笑顔は、人柄すべてを物語っていました。

植物を心から愛し 人々を癒すオーナー

「ウブドの語源は〝薬になる土地〟という意味があるの。最近、ことにウブドの自然がどんどん破壊されつつあり、大切な薬草がだんだんなくなってきています。だから、もう一度自然を呼び戻そうと考えました。人間は、自然からできています。帰る場所は、自然。だから、私は、自然にこだわるのです。

みんな、食べものの皮を捨ててしまうでしょう? 果物は、皮を剥くとすぐに腐ってしまいます。だから、ゴミをこれ以上増やさないように、そして、栄

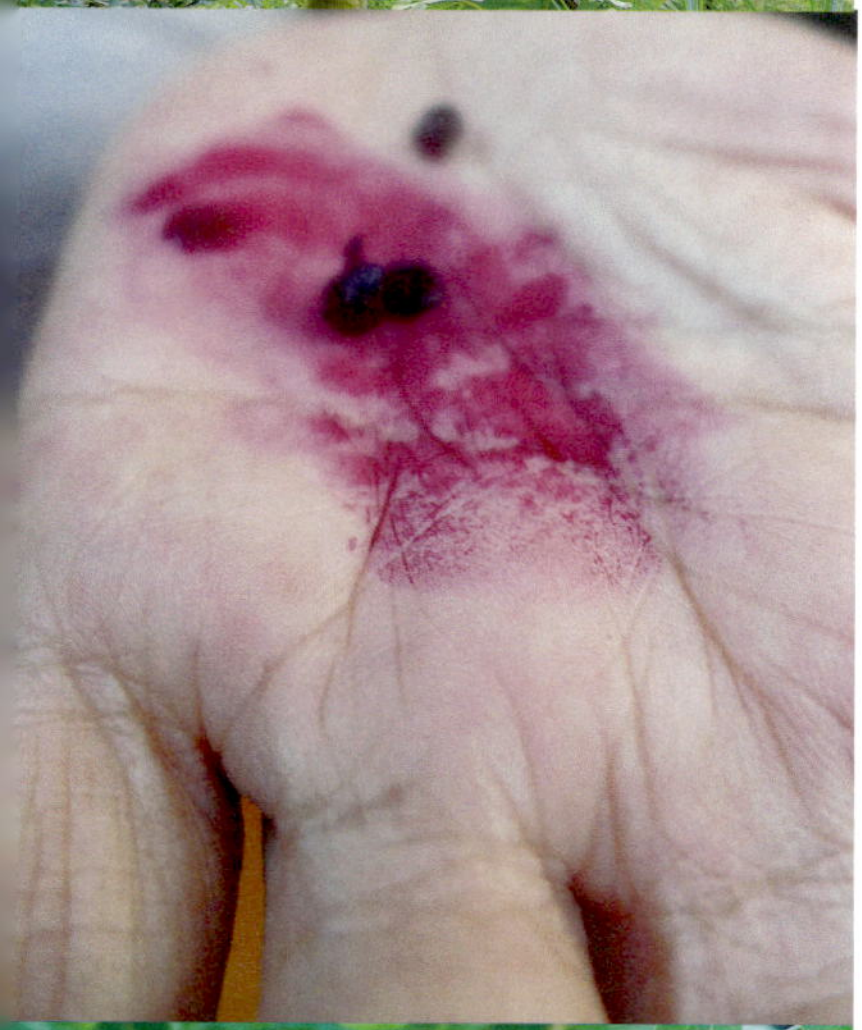

養豊富な皮を捨てないで利用できないかと考えたの。
たとえば、台所にある人参。これも皮を原料にして、クリームを作れるのよ。

バリの伝統は、自然に戻る宗教

バリでは、亡くなった時、人の顔と身体に植物の葉を置いていく儀式があるの。たとえばニームの葉を両方の眉の上に置きます。これは、生まれ変わったら格好いい眉に生まれてくるようにという意味なの。このように全部植物に置き換えるのよ。この伝統を、今から大切に継承していきたいのです。習慣で残すようにすると、植物は必要とされ、いつまでもなくなりませんから」

彼女はこう言って、つる紫の実を手で潰して私たちに自然の口紅をつけてくれました。

植物を心から愛し、植物からエネルギーをもらって、人々を癒《いや》すイブ・ジェシ氏。愛に満ち溢れた彼女から発するエネルギーは、深くて温かいウブドの森のようでした。

死ぬまでに一度は受けたいマッサージ

マッサージが大好きな私たち。バリはマッサージ天国です。

先ほどの「Cantica Spa Zest」同様、おすすめなのが、「Body Works Centre（ボディーワークスセンター）」。バリ島で最も予約の取れないカリスマヒーラー、クトゥ・アルサナ氏の、ウブドのハノマン通りにあるお店です。アルサナ氏の予約は、長いと3〜4カ月待ちになることもあるといいます。

穏やかなまなざしと長い髭《ひげ》がトレードマーク

アルサナ氏のトレードマークは長い髭《ひげ》。その姿は、まるで何もかもを超越した仙人のようです。そしてその目は、わけ隔てしない深い愛に包まれ、少年のようにキラキラと輝いています。

アルサナ氏には、マスターセラピスト、バリ伝統療法施術者、スピリチュアルティーチャー、ヒーラー、クンダリーニタントラヨガ創設者、ボディーワークセンター・ウブドオーラ・オンハムリトリート創設者、と数々の肩書きがあります。

人々を魅了する理由の一つは、その独特なマッサージの方法。伝統的なバリニーズマッサージをベースに、カイロプラクティックや指圧、足圧に加え、類を見ない独特のヒーリング。施術される人それぞれのエネルギーバランスを整えて、しこりを改善してくれるのです。

今回、どうしてもアルサナ氏に会いたくて、スケジュールはこのマッサージが最優先。その甲斐あって、予約を取ることができました。

身も心も解放され生まれ変わっていく贅沢な瞬間

石畳の階段をワクワクしながら登っていくと、最上階にアルサナ氏専用の特別室があり、そこからは緑豊かなウブドの景色が広っています。

びっしりと並ぶ天然のハーブオイルと、魂が解放されていく音楽……。そしてアルサナ氏の力強くて温かいマッサージは、時折「イタタタタ」となることもあるけれど、とても心地がよいもの。オイルもマッサージも施術される人それぞれに合わせたセラピューティック（治療的）マッサージで、ストレスや緊張を和らげてくれます。施術後はまるで生まれ変わったかのような爽快感で、死ぬまでに受けたいと思っていたマッサージがようやく叶いました。

施術を終えた後、お茶をいただきながら、アルサナ氏は私たちにこんなお話をしてくれました。

まずは自分が先頭を切る。手本を見せれば人はついてくる

「さっきまでゴミを処理して腐葉土を作っていたんだ。バリではゴミの選別がまだできていないからね。まずオーナーである私が見本を見せれば、みんなやってくれるようになるだろうと思って。どんなことでもまずは自分から行動を起こすことを心がけているよ。マッサージも、はじめはアマンダリ（世界中の旅行愛好者を魅了する「アマンリゾート」のスタートラインのホテル）に呼ばれた時だけ行なっていたんだ。でも、次第にこの場所ではじめるようになって、それで何もなかったこの場所に、少しずつ少しずつスタッフが土を運んで土地を築き、それでここができていったんだよ」

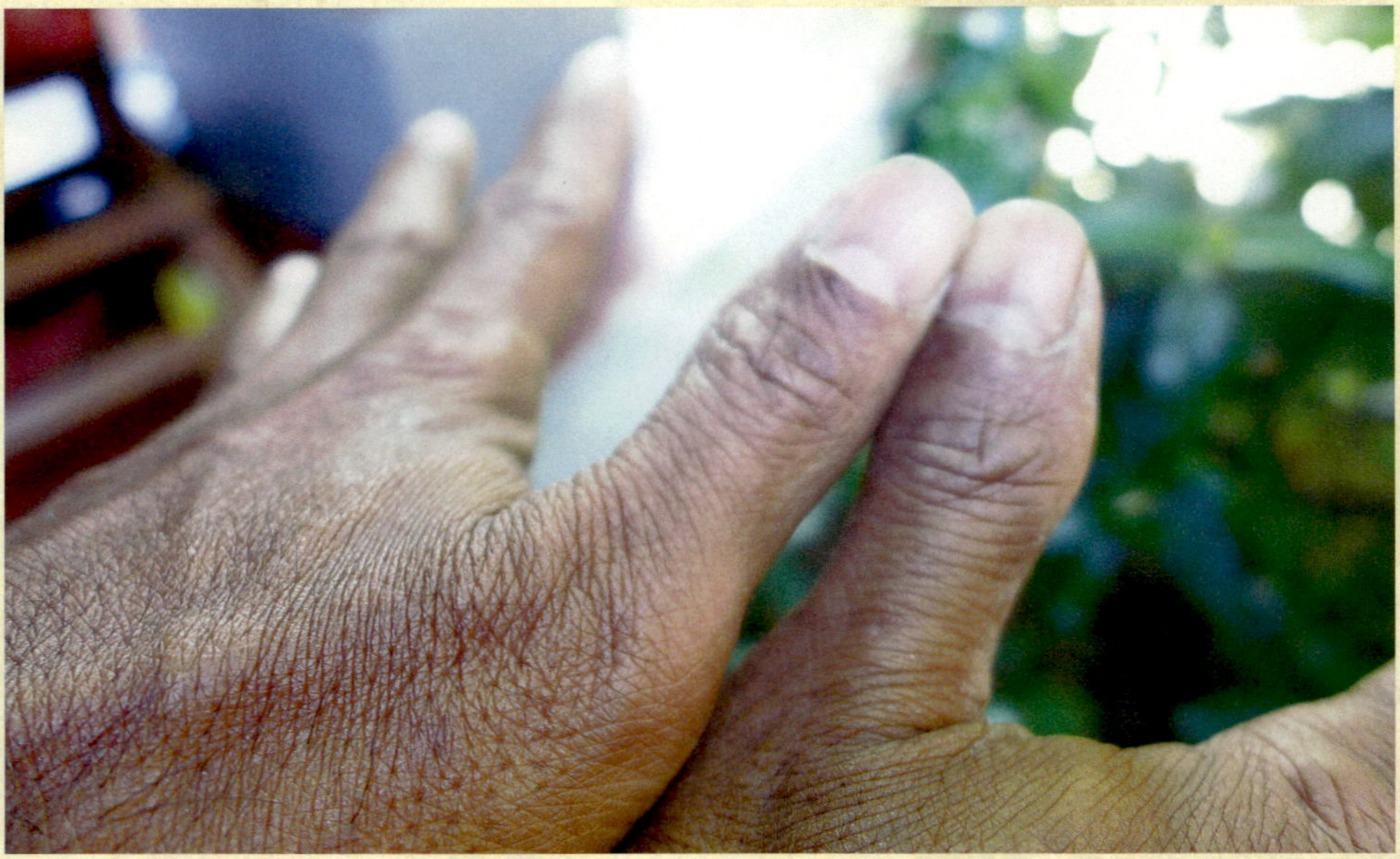

カリスマヒーラー、アルサナ氏からのメッセージ

アルサナ氏は、彼自身の予約が取れないだけでなく、彼のたくさんいるお弟子さんのマッサージも、バリに着いてすぐに予約しないと希望の時間には受けられないくらい人気なのです。そんな多忙な中、たくさんの質問に答えてくださいました。

Q1

人は、それぞれ持って生まれた課題があると思います。そのことに向き合い、チャレンジすることが幸せになれる道ではないか、と私たちは考えているのですが、〝幸せ〟についてアルサナさんはどう思われますか？

A

〝幸せ〟とは、頭ではなく心で感じるもの。ヨガも瞑想も、心が解放される有効なツールの一つだ。人を助けることで、自分も満たされる。人に親切にすることで、自分もハッピーになれると私は信じています。

Q2

ヒーリングをされている時、悪い部分はどのように感じていらっしゃるのですか？

A

身体に触れなくても、見れば悪いところは分かります。たとえばあなたは脊髄の2番目が悪い、というように。それから目。目を見ればたちどころに分かるよ。なぜならあなたの心も私の心も同じだからね。そこから聞くことができるんだよ。自分の心に問いかけるんだ。この人の何が問題なのか、トラブルは何なのか。心と心を繋げれば、分かるんだ。頭で考えるのではなくね。

Q3

アルサナさんが一番大切に思われていることは何ですか？

A

人を助けることだね。多くの人を助ければ助けるほど、自分に返ってくる。助ければ助けただけ、自分にもポジティブなエネルギーが返ってくるんだ。

Q4

嫌なことに対してどう向き合われていますか？

A

（にっこり笑いながら）嫌なことがあっても、文句を言わないこと。人生は楽しい。こだわると固執してしまうから、ストレスになる。嫌なことについて考えるのは、時間の無駄だね。

Q5　今までにお金が欲しいと思われたことはありますか？

A　8歳の頃から人を助けたい、と思っていたよ。なぜなら、私の母と妹は病気がちだったからね。おまけに土地はあったが家はなく、お金もなかった。ご飯もまともに食べられなかったよ。だから、毎日泣きながらお祈りした。「神様助けてください。僕にパワーをください！　お母さんが病気だから、お母さんをマッサージで治せるよう、力を授けてください」って。そしたらある日、神様が私に力を与えてくれたんだ。マッサージで母を元気にするパワーを。神様にお願いをしたのはこの時だけ。お金をたくさん欲しいと思ったことはないよ。

Q6　スタッフ間やその他の人間関係でトラブルが起きた時は、どのように対応されていますか？

A　スタッフには最初の時点でしっかり教育するよ。仕事はもちろん、良い人間になるように。メンタル面やヨガも教えているよ。マッサージができないスタッフにはやり方を一から教えて、いずれ独立できるように育てている。人を助けることが私の使命だからね。一人前になるまでは責任を持つよ。単純に給料を渡すだけでは人は育たない。技術や知識を伝承したら、自信も付くし独り立ちできる。それらもすべて、神様が与えてくれたものだと私は信じている。

Q7　最後に、日本人にメッセージをお願いします。

A　日本人はみんな頭で考えすぎるね。頭ではなく、心で感じるんだ。それから、神様のことをもっと考える必要があると思うよ。お寺に行ってお参りするとか、もっと精神的なことを大切にすべきだね。日本人は、そういうことを忘れているよ。お金ばかりを大事にしすぎている。それじゃストレスがたまるのも当たり前だ。お金と心のバラン

スが大切なんだ。スピリチュアルだけでもダメだけど、もちろんお金だけでもダメ。両方のバランスをとることが重要なんだ。

いつ訪れても自然体なアルサナ氏。バリに行くと必ず訪れたい場所のひとつです。

診断後、その場で治せるバイオレゾナンスセラピー

バリ島ではマッサージだけでなく、治療で有名なクリニックもあります。それがバリ島で唯一、バイオレゾナンスセラピーを行なう治療院です。

バイオとは「生体」、レゾナンスとは「共鳴」のこと。すべての物質は固有の周波数で振動しているという考え方で、ドイツでは40年くらい前からこの治療法があるのだとか。私たちもさっそく受けてみました。

検査項目は58項目。内臓やアレルギーなど、全身の状態を頭から足先まで一つ一つチェックしていきます。

その治療方法はちょっとユニーク

はじめに、ゆったりとした椅子に座ります。そして野球ボールくらいの大きさのゴールドの玉を両手で握り、そのままリラックスします。玉を握ると少し波を打つ感じがし、先生が持つ棒の動きで、身体のチェックをしていきます。

途中、身体がほんわかと温まってきて、少し眠くなり、うとうとしていました。20分ぐらいたった頃、「終わりました」と言われ、自分の波動を転写した水を渡されました。これを飲むことにより、治療効果を持続させるのだそうです。

気になる診断結果は、一人は女性ホルモンが上下しているところと、triple warmer（頭頂部から首のライン）に不調があると診断されました。実は時々、内耳に水が溜って音が響くことがあるのです。でも、本当に時々なので、指摘されるまでは忘れていました。悪いところを事前に話したわけでもないのに、こんなに顕著に結果がでるとは思ってもみなかったので驚きました。

そしてもう一人は、肝臓が少し疲れているという結果がでました。おそらく、お酒がさほど強くはないのに好きだからでしょうね。

2人とも軽症なので、1回のトリートメントでOKとの診断。まさか、バリにこんな最新の治療法があるなんて思ってもみませんでした。悪いところをその場ですぐ治療できて、おまけに痛みもない治療法。バリに来たら、徹底的に自分の身体のチェックをしてみてはいかがでしょうか。

旅のアクシデント　タクスヨガ

毎日変わるヨガプログラム

ウブドはヨガの聖地と呼ばれるくらい、ヨギーたちが世界中から集まってくる場所です。神聖な空気が流れるウブドでのヨガなんて、考えただけでワクワクします。ここ、ウブドにはさまざまなヨガスタジオがあります。この日私たちが選んだのは、タクススパに併設されている「タクスヨガ」。当日教室に行けば誰でも参加できるという、ラフなスタイルが魅力です。

ここは、街中にありながら、緑が溢れる癒《いや》しの場所。シダの深い緑や無造作に置いてあるドラなど、非日常が思いっきり味わえます。

ワクワクした気持ちでレッスンがはじまると、キュッと引き締まったボディーと笑顔がチャーミングな女性が登場しました。「今日の先生はこの人ね！」と

2人ともやる気スイッチON。ヨガで心と身体のバランスをとるぞ、と意気込んでいました。ところが、普段から運動不足の私たち。しかも、実はヨガ経験はこれまでたったの2回しかありません。

不安的中！おまぬけヨガに

不安の波は、最初のポーズで押し寄せました。決まればかっこいいはずのポーズが、誰にも見られたくないような醜いポーズに早変わり。しかも、この日の参加者は私たちを含めてたったの3人。こっそり抜けようにも抜けだせません。横を見ると、隣もこっけいなポーズ。

レッスンはそのまま1時間半続きました。

生まれてから一度も取ったことのないポーズで、体は柔らかくなるどころかパッキパキ。レッスンが終わった時の嬉しさと安堵感は、言葉では伝えられません。そして隣を見ると、無表情になった顔がもう一つ……。

それでも体験するって素晴らしい。笑いのネタが、また一つ増えました。

夜のクヘン寺院

ウブドから約1時間の道のり、バンリの街の北のはずれにある、クヘン寺院。かつてはバンリ王朝の国寺で、11世紀に建立されたと言われています。

私たちがクヘン寺院を訪れたのは、夜の7時前。もうすぐ暗闇が訪れようとしていました。

バリって、夜が恐いんです。

初めて旅行でバリ島を訪れた時、夜に森から深々と迫りくる霊道なるものが見えて以来、バリ島の夜が大の苦手になってしまいました。そのため、薄暗くなった時刻にクヘン寺院に行くのはどうだろう、と正直心配していました。でも、着いた途端、

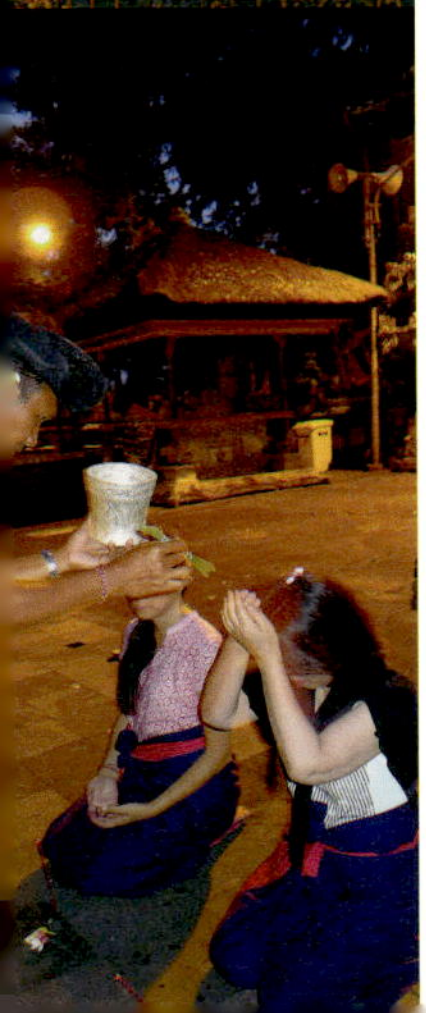

その心配は払しょくされました。寺院にはすでに灯りがともっていて、心が落ち着く感じ。かつては国寺というだけあり、品格があって荘厳な雰囲気です。

3階層の神秘的な寺院

　階段を上っていくと、3つの扉があります。真ん中は神様がお通りになる扉。人は、左右のどちらかを通ります。クヘン寺院は外境内、中境内、奥境内の三段になっています。外境内には、樹齢600年を超えるといわれる巨木のバンヤンツリーがこの寺院を守っているかのようにありました。聖なる気が、この木を覆っているかのようでした。奥境内に入ると、まず目に飛び込んできたのが、十一層の仏塔。静まり返った境内に荘厳な雰囲気を漂わせていました。まさに異空間。この前でお祈りを捧げました。

　まず、自分の名前と住所を言います。今日、こうして大切な友人と2人で来ることができたこと。これから2人で人の役に立つような本を書きたいということ。バリと日本を繋ぐ役割を授けてほしいということ。

厳かで厳粛な雰囲気のなか、心を見出す

　思えば、こうなったらいいなと思うことが、バリ島に来てトントン拍子に進んでいます。これも、大いなる存在に導いてもらっているからなのでしょう。感謝の念がたえまなく湧いてきて、ふと空を見上げると優しい月明かりが私たちを照らしていました。

バリでする祈りと瞑想

バリ島に来てからというもの、瞑想を身近に感じるようになりました。バリ島の寺院に行くと、お祈りと瞑想はセット。身構えることなく、すんなりと瞑想に入れてしまうのが、本当に不思議なんです。きっと、神々が住む島と呼ばれているバリ島と瞑想との相性が良いのかもしれません。

寺院での瞑想は、とても気持ちが良く、爽快感があって大好きなひと時です。瞑想をすると、いろいろな感情が湧き出てきます。日々の生活の中でストレスが溜まって、ちょっと怒りっぽくなっていた自分。本当は優しくしたいのに、素直になれな

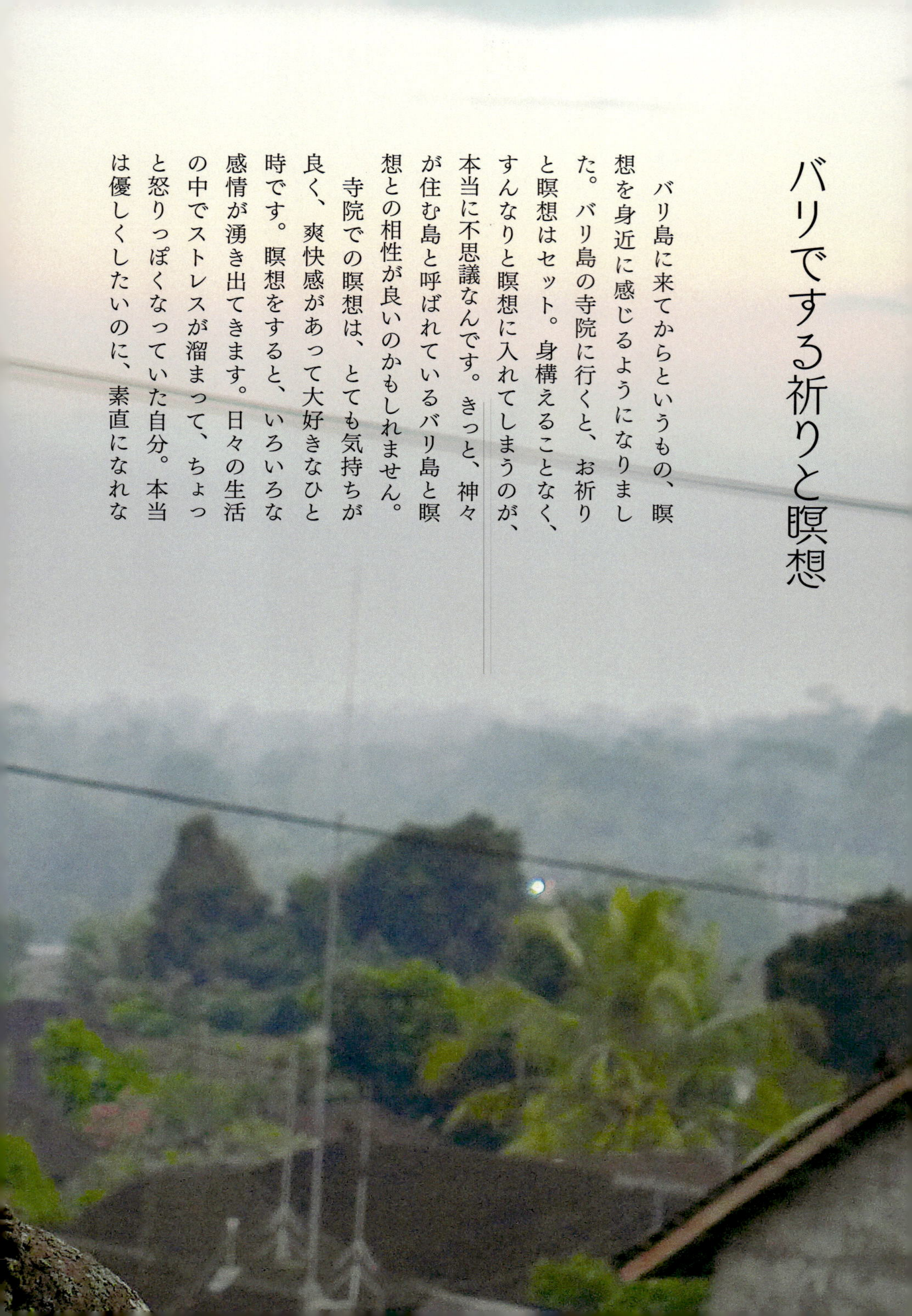

くて苦しんだ自分。こうするべき、こうしなければという呪縛を、自分にも相手にもかけて、もがいていた自分……。こんな思いが自分の中にあるんだ、ということに気付かされるのです。時には、自分の中を見つめる、静かな時間が必要です。都会の喧騒から離れて、静けさの中に身を置いてみると、自分の本音が見えてきます。

静けさの中で本当の自分と繋がる

ここ、バリ島は、変わりたい！ 変えよう！ と決意できる場所です。神秘的なバリの寺院での瞑想は、あなたの心をゆっくりと癒《いや》してくれることでしょう。

ピタ・マハで自分の心を取り戻す

ウブドは、華麗なスパリゾートが数多く点在しています。その中で、おすすめのホテルが「ピタ・マハ リゾート&スパ」。ウブドのスカワティ王族が経営しているホテルです。

チャンプアン渓谷を見渡せるゆとりの空間

私たちは、ピタ・マハのウブドを見渡せる壮観な光景や、伝統的な石像と彫刻のアートがちりばめられた風格あるクラッシックリゾートが好きです。そして何より、このホテルの静けさが大好きでした。

ホテル内には、チャンプアン渓谷を一面に見渡せるヴィラも併設されています。自然に配慮して

建てられたヴィラは、伝統的なバリスタイル。芸術をこよなく愛した王族が建てたホテルは、石の彫刻や装飾など、香り高い芸術作品が点在しています。

　何もない、ゆっくりと静かに流れる夜の時間。静けさに包まれたこの瞬間、内なる声に耳を傾けてみる。そして、小鳥のさえずりに誘われて目を覚ました朝。目の前に広がった景色に目を奪われ、思わず裸足で庭に出てしまうほど、目の前に広がるスカワティ渓谷の木々から立ち上る白いもやは、神々しい気に満ちています。

待っていたのは、絶景のレストランでの朝食

　清々しい風が通り抜ける渓谷の朝。辺りから聞こえる幻想的なバンブーの音色。ここは、感覚を呼び覚ましてくれる場所。身体いっぱい神聖な気を浴びて、自分の心を取り戻せる場所です。

女性オーナーの欠点と向き合う2人旅

女性は占いが大好きです。ことに、女性オーナーは、何かに迷ったら占いに行くことが多いと聞きます。

オーナーの心は孤独です。

他では相談できない悩みを占い師に話したり、心に決めていることを後押ししてもらったり。また、前に進む勇気をもらったり、スパッと気持ちを切り替えて元気をもらうこともあります。

一番大切なことは、今の流れを客観的に知ること。決して占いに依存するのではなく、占いを上手に活用することが大切です。

しかし、日本で占いに行くと、現実が待っています。そんなときは、周りのことはひとまず横に置いて、いつも後回しにしている自分の心と本気で向き合う旅に出てみませんか？　できれば、誰かもう一人、気の置けない女性オーナーを誘って。

互いの幸せを心から願い、心の繋がりに感謝する

神々が宿るバリ島は、そんな疲れた心と体を癒すのにぴったりな場所。

沐浴で身も心も徹底的に浄化したり、バリアンにネガティブなエネルギーを見つけてもらい、心の持ち方のメッセージをもらったり。はたまた、ヨガや瞑想で、一緒に精神を鍛えるなんていうのも良いかもしれません。そして最後は、バリ人が最も大切にしている神聖な寺院で心に誓いを立て、互いの幸せを願い、心の繋がりに感謝します。

これらができるのも、数々の困難を切り抜けてきた女性オーナーの2人旅ならでは。

相手を通して深い気づきを得たり、感動を共有することは、ただ楽しい旅より、深く素晴らしい心の旅となることに違いないでしょう。

旅の充実には相棒選びが肝心！

私の相棒は、8歳年下。彼女の美的センスは抜群ですが、最近は、それに加えて笑いのセンスも拍車がかかっています。また、年下とは思えないほど、大きな心を持っているのも彼女の魅力。

私たちの2人旅には、ルールがあります

・自分の感情に嘘をつかない
・どんなときも相棒を受け入れる
・最悪なときこそ大笑いする

このルールを守れない人を旅の相棒にしてしまったら、さぁ大変！　旅には思いがけないアクシデントがつきもの。そのたびに相棒の仏頂面を見せられ、せっかく非日常の世界にやってきたのに、少しもリフレッシュできず、逆に疲れ切って帰途に着くことになります。

どんなトラブルも笑いに変えてくれる相棒

あれは、忘れもしない1年前。私がとてもショッキングな出来事に遭遇した時のこと。彼女が取り付く島もないくらい、私は落ち込んでいました。2人の間もかつて経験したことがないくらいの気まずさ。

そんな事件があって以来、彼女は猛反省したと言いました。あのとき、「な〜んて顔してるの〜」と言って、ガハハハって笑い飛ばせば良かったのに、と。本当の助けは、落ち込んでいる心に拍車をかけることなんかじゃない。そこから解放してあげることだったんだ、って。

半べそかいていても、笑う力を持っているあなたを一番知っているのは私。これが、私たちの良いところじゃない？　って。

そのとき以来、ますます彼女の笑いのセンスには拍車がかかっています。

そしてニヤッと笑った彼女の顔を見ると、私も落ち込むどころか思わず吹き出してしまいます。

そう、負けてはいられません。

どんなトラブルが起きても笑いの力で吹き飛ばせる。こんな相棒、欲しくありませんか？

バリ版　座敷わらし!?
ロカパラ・ヴィラへ

バリ島は、最高級ホテルやヴィラが立ち並ぶ、世界有数のリゾート地です。極上のバカンスが味わえる素敵なホテルって心が高揚します。でも、今回の旅の目的は「心の終活」。極上でもにぎやかなホテルでも、そんな気分にはなれません。とは言え、寂しい部屋で独り悶々と考える、なんていうのもなんだかネガティブで楽しくありません。今の自分と向き合って、素直になれる場所。

そんな自然豊かで穏やかな時間が流れる場所を探し求めていたら、とても素敵な場所、「Loka Pala Villa（ロカパラ・ヴィラ）」を見つけました。

素朴なもてなしと癒《いや》しが魅力のプチホテル

ここは、ウブド南部のニュークニン村にあり、近くにはモンキーフォレストもある自然がいっぱいの場所。ヴィラを経営するのは、バリ人のオーナーと、バリ在住18年の日本人の奥様、若菜さん。オーナーご夫妻はヴィラと同じ敷地に住んでいて、困った時はすぐに相談に乗ってくれます。また、お2人は人柄もピュアで愛に満ち溢れていて、私たちに接するときの話し方にも真心がこもっています。そんな素敵な「Loka Pala Villa」には、もう一つ魅力がありました。ある時、若菜さんからこんなメ

ールが届いたのです。

「このLoka Pala Villaの3階のワナサリルームには、どうやら守り神がいるようなの。私は感じたり、見えたりしないのだけれど、年配の日本人のお客さまや西洋の方などが泊まった時は、よく、温かい何かに包まれたようで、涙が止まらなくなったって言われるのよ。この部屋、感覚が鋭い方は何かを感じてしまうようなのだけれど、お2人はどうかしら？」

なんて興味津々なメール！　日本の座敷わらしみたいな守り神がいるのかしら？　若菜さんの心配をよそに、私たちの答えはもちろん「YES！」さっそく3階のワナサリルームを予約しました。

地元の花を飾り、異国の住人になりきる

私たちが旅先で必ずすることは、お花を買いに行くこと。なぜなら、その土地の花を部屋に飾り、現地の人になりきって暮らすように旅をするのが大好きだからです。

この日出合ったのは、南国情緒漂う「ゴクラクチョウカ」みたいな花。人の身長と同じくらいの丈がある茎に、見たこともない大きな花がついています。花びらが何連も重なってついている姿は、まるで空を羽ばたく

鳥のよう。花を選ぶ時のワクワク感ときたら、これから始まる旅の期待感とリンクします。見たこともない植物に興奮した私たちの財布の紐はゆるみっぱなし。ドライバーさんに手伝ってもらってようやく持てるほど、大人買いをしてしまいました。お花が大好きな方なら、間違いなくテンションはマックスになるはずです。お店の方も、外国人の私たちが花を買うことを、とても喜んでくれました。

文化を取り入れることで旅をさらに楽しく

花って、土地によって全然違います。たとえばお部屋に一輪飾るだけでも、その国を満喫することができ、旅を盛り上げてくれます。

テーブルの上に飾られたお花を見ながら目覚める朝。部屋中に漂うトロピカルな香りに包まれた幸せな瞬間。その記憶はいつになっても残ります。

ファッションを楽しむような感覚で、花のある旅を楽しむ。そうすることで、その土地を、その空間を、豊かな今の自分を、もっともっと好きになると思います。

果物をたっぷり食べてエナジーチャージ！

南国に行くと、フルーツ天国なのが嬉しいかぎり。ヴィラ近くの果物屋さんで、たっぷりフルーツを買って、ヴィラでゆっくり食べるという贅沢を味わいました。

パパイヤ、マンゴー、ドラゴンフルーツ、パイナップル、モンキーバナナ、スイカ……。もう、選びたい放題！　スネークフルーツなんていう珍しい果物もあったりして、まさにここはフルーツパラダイス。さらに、通訳さんからもパッションフルーツをいただきました。ご自宅の庭に、お手入れは何もしていないのに、パッションフルーツがいっぱいなっているんですって！

きっと、バリの土が栄養豊富なのでしょうね。

100％生絞り！
南国のフルーツジュース

「明日の朝食の時、これ、ジュースにしてね」とお願いすると、ビタミンたっぷりのパッションフルーツが翌朝フレッシュジュースになって運ばれてきました。ちょっとすっぱいかしら？　と思いきや、程よい酸味でちょうどよい甘さ。

ここは、太陽が植物をすくすくと育んでいるバリ。こんな土地でできたフルーツだから、甘みもたっぷりで栄養も豊富。

身体に良くて美味しいフルーツは、２人のエナジーチャージ。果物の甘さで、心も身体もほっこりと緩んでいきます。

燦々《さんさん》と降り注ぐ太陽の日差しを浴びながら、到着した時よりきれいな肌で、帰国することができそうです。

香水みたいな虫除けローション

連日の取材で外出が多い私たちに、ヴィラのオーナー、若菜さんからとっておきの差し入れが届きました。それは、最近日本でも人気のハーブ入り虫除けローション。バリの自然界からの、100%ナチュラルな虫除けローションです。

ふたを開けると、オリエンタルなすっきりとした香りが広がります。レモングラスの爽やかな香りは、暑い国にピッタリ。

テクスチャーも、海藻が入っているのでトロトロ。肌が潤ってしっとりします。2人とも虫除けローションだということを忘れ、ボディーミルク感覚でお肌のケアをしていました。

GINRENプロデュース「Bag Varie《バッグバリエ》」

　バリ滞在中、街を歩いていると、いつも目につくのがアタバッグでした。バリの繊細な手仕事のアタバッグは、日本でも大流行しましたが、今ではあまり見かけなくなりました。

　素敵だけれど何かが足りない感じ。それにみんなが同じものを持っているというのもつまらないし……。

　ヴィラに戻ってお茶をしながら、2人でアタバッグをもっと素敵にできないかと考えました。

「私たちが大好きなヨーロッパのアンティークの金具やファブリックをアレンジして、世界中どこにもないアタバッグに変身できないかしら??」

　温めていたアイデアで早速か

ごバッグを作ってみました。はじめはアタバッグにだけ合わせるつもりでしたが、作ってみると、世界中のかごバッグに合いそう！

その名は「Bag《バッグ》 Varie《バリエ》」

コンセプトは、「今日はシンプルに、今日のランチは大人カジュアルに。お洋服を着替えるように、バッグもバリエーション豊かに着替えさせたい」

思いついたらすぐに行動する。これは、2人の合言葉です。

バリに行ったことで、こんな素敵なことを思いつき、まるで子どものようにワクワクしながらバッグ作りを楽しんだ2人なのでした。

神様と繋がる、バリ島の朝

バリ島のお母さんは、働き者です。

プナタランアグンに行く途中で遭遇した朝市は、早朝4時から開かれ、働き者のお母さんたちで賑わっていました。彼女たちはここで神様のお供え物と、毎日の新鮮な食材を購入するそう。

バリ島の人々に脈々と受け継がれている、神様への深い信仰。それは、当たり前の行為かもしれないけれど、私たち日本人にとって、何か大切なことを思い出させてくれます。

私は、月初めに地元の神社にお参りに行くことを習慣にしています。けれど、毎月ではありません。

日常的にヒンドゥー教の神を崇めるバリの人々

バリ島では、何気ない毎日の暮らしの中に、神様へのお参りが組み込まれています。これもまた、バリ島が神秘のエネルギーに満ち溢れている理由の一つなのでしょう。だから、ここに来て本当の自分の心に目覚める人も多いと聞きます。

日本では、朝は気忙しく出勤、通学するのが当たり前。神様のことを考える余裕もありません。毎朝のルーティンに慣れてしまっているのです。

一年というのは、私たちが積み重ねた時間で成り立っています。その堆積した時間をどう過ごしたかで、人生の質が決まるともいわれています。

生活レベルは日本の方が断然豊かです。けれども、心は、バリ島の人々の方がはるかに豊かに感じます。だからこそ、ここに来てゆっくりとしたバリ時間を味わい、自分の中に存在する神聖な部分を見つめてほしいのです。

神の色に染まった ランプヤン寺院

ウブドから片道3時間。日の出前にランプヤン寺院を訪れると、プナタランアグンの割れ門から朝日をうけてピンク色に輝くアグン山が拝めます。

アグン山は、バリの人々にとって、日本の富士山のような信仰対象の山。バリ人にとって心の山なのです。ピンクに染まるアグン山から流れてくる神聖な気を肌で感じたくて、意を決して早朝3時半にヴィラを出発しました。

ハイスピードでランプヤン寺院へ

世間では、まだ寝静まっている時間。真っ暗な道を、ハイスピードでランプヤン寺院まで急ぎます。そんな中、道幅いっぱいにトラックが渋滞していました。

　こんな時間に、何故？　きっとどこかで事故があったのだろうということで、急遽ルート変更を余儀なくされました。こんなアクシデントは想定内！　と言わんばかりに、ガイドのワヤンさんは馴れたハンドルさばき。今度は、シドゥメン村を通って向かうのだとか。この時ふと、「今日は朝焼けのアグン山は見られるのかな？」という思いが頭をよぎりました。というのも、自分と関係のある神社に初めて参拝する時、決まってバケツをひっくり返したような豪雨に見舞われることが多いのです。もし雨でも降っていようものなら、写真が撮れなくなってしまいます。けれども車の窓から外をみると、何だか今日は晴れそうな気配。愛あるワヤンさんが「絶対見せたい！」の一心で車を走らせてくれたお陰で、結果、間に合うことができました。

まさか！
濃霧で視界ゼロ

　車から降りて、プナタランアグンの割れ門を目指します。急な坂道を上っていくと、見えてきました。

　あれ？　あれれ？　何か変。坂道を上ってくる時は、まさかこんな風になっているとは想像もしていません。

　辺りは真っ白。階段を上るにつれ、ますます白さは増すばかり。なんと、今日は濃霧だったのです。それも、そんじょそこらの濃さではありません。何も見えない！

　写真のテーマは「朝焼けのアグン山」。割れ門から広がる素晴らしい朝焼けを、絶対収めたい！　と張り切って早起きしたのに……。

霧だからこそ見られた
幽玄で幻想的な風景

　それでも、気を取り直してプナタランアグンの割れ門をカメラに収めました。じっとカメラ越しに眺めていると、不思議。これがとっても神秘的なんです。一面、真っ白な世界は、まるで雲の上にいるみたい。

するると、ガイドの敬子さんが、「ここはスーリヤを祀《まつ》ってある寺院で、バリ島でも珍しい白い寺院なんです。でも、こんな霧は今まで見たことありません」と言われました。

そういえば先日、アユ・ラクシュミ氏に見てもらった時、こう言われたのを思い出しました。「あなたには、スーリヤが入っていいます。スーリヤは太陽(光)の神様。白は神様の色」と。

スーリヤの神様が祝福?

割れ門を後にしてお社に向かいます。すると、なんとお社を守るように、6匹の白い龍が鎮座していました。

ひょっとしたら白い龍がこの辺りを飛び回っているのかしら……なんて空想しながら、さらに階段を上ります。一番上の階段から見下ろすと、白く煙った中にうっすらと割れ門が見えます。早朝のお社は音もない、まるで宇宙空間。この世のものと思えないくらい幻想的です。

スーリヤの神様にお祈りした後、ここでしばらく瞑想することにしました。すると、いきなりザァーと雨が。

急いでお社の横の建物へ移動しました。しばらく雨音を聞きながら瞑想。そのうち意識がだんだん研ぎ澄まされていきました。どれくらいたった時でしょうか、一陣の風がものすごい勢いで目の前を通り抜けていきました。このとき、白い龍に乗ったスーリヤの神様が通り抜けて行った気がして、鳥肌がたちました。

このランプヤン寺院は本当に神秘的です。一度訪れたらきっと、あなたも何かを感じることでしょう。中でもおすすめは朝。朝焼けのランプヤン寺院を後にしながら、次は必ず頂上まで登ろうと誓いを立てました。

新しい一日のはじまり

バリ島は、神様へのお祈りで一日がはじまります。お祈りする時の決め事は、「神様ごめんなさい」の一言から。なぜなら、自分は気がつかなくても、昨日何か悪いことをしたかもしれないから。

これは、ガイドのワヤンさんが教えてくれました。そんな信仰深いバリ人ですが、この島にはブラックマジックなるオドロオドロしい呪術が存在します。強い嫉妬心や妬み、怨み……。そんなどうにも収まらない感情が、彼らをブラックマジックへと駆り立てるようです。でも、彼らも知っています。そんなことをしたら、いずれは自分に返ってくることを。蒔いた種は必ず自分に降りかかってくるということを。

それなのに、感情を容易に手放すことができないのは、とても人間らしいなあと思ってしまいます。ありのままの自分の感情に対面して苦しんで、もがいて。何だか愛おしくさえなってきます。それ故に、この島は神秘の強烈なエネルギーに満ちた二元性の島なのでしょう。地球上にこんな独特なエネルギーを発している所はそう多くはありません。

自分の奥の感情

表と裏は表裏一体。裏の感情を持ち合わせているからこそ、愛の大切さが分かる。裏の感情が強ければ強いほど表の感情もまた強いのです。

本当は、自分の感情にふたをして気づかないふりをしていたのかもしれません。傷つくのを恐れてわざと見ないないふりをして逃げていたのかもしれません。

日本では、素直に向き合うことができない自分の奥の感情。そこに目を向け、手放すには、バリ島はぴったりな場所なのだと思います。

2人旅だからこそできた心の終活

楽しかったバリ島の旅もあっという間に終わり。

神々の住む島で、身も心も沐浴で徹底的に浄化したり、バリアンにネガティブなエネルギーを見つけてもらい、心の持ち方のメッセージをもらったり、毎日張り詰めて精神的にも硬くなった身体をマッサージでほぐし、何もしない贅沢な時間を味わったり、一緒にヨガや瞑想で心を鍛えたり……。

最後は、バリ人が最も大切にしている神聖な寺院で誓いを立て、お互いの幸せを心から願い、素晴らしい繋がりに感謝することができました。バリ島なら、こんな贅沢な望みが叶います。滞在中の食事タイムは、旅先で起きたことはもちろん、これからの人生のことなど話が尽きず、今までよりもさらにかけがえのない2人になれたと実感しました。

とっておきのご褒美

旅の最後に、ちょっとしたプレゼントがありました。

ロカパラ・ヴィラの3階のワナサリルームにいるといわれている守り神のことを覚えていますか？

私たちが滞在していた時は、何日たっても守り神は現れてくれるどころか、気配さえも感じられませんでした。夜な夜なおしゃべりをしていたから、よく話題があるなぁ……と感心していらっしゃったのかもしれません。

しかし、最終日に相棒が一足先に帰国したので、1人寂しくお部屋のテラスでお茶をしていた時のこと。ふと横を見ると、ぼぅーっとした青白い煙のような、影のようなものがこちらを向いているのが見えたのです。私は、すぐに「守り神だ！」と分かりました。でも、ちっとも怖くありません。それ以上に、

私の邪魔をしないように見守ってくれている感じです。さらには守り神から温かな感情まで伝わってきます。大丈夫、大丈夫だよ、って。

ワナサリルームに現れる守り神は、きっと寂しい人を慰めてくれる、あたたかい神様だったのですね。

欠点は、イコール悪ではありません

今回の旅のテーマは「バリではじめる心の終活」ですが、それと同時にサブテーマとして、ポジティブに自分の欠点と向き合うというのもありました。

自分と向き合うには、自ずと自らの欠点と向き合わざるを得ません。そして、これは誰にとっても心苦しいものでしょう。

しかし、ここはバリ。現実的な日本から離れて考えられるからこそ、本気で向き合って、決意できる時間が持てるのです。

今回の旅を通じて、私は欠点イコール「悪」ではないことに気づきました。

たとえば、手相占いの松原さんは、理屈っぽいと言われていたご自身の性格を、手相という仕事の中で論理的に活用させて、人に勇気や希望を与えていらっしゃいました。答えは、ここにあると思います。欠点を強みに変えて、とことん大活躍させる。自分の欠点を味方につけることが大事なのです。

使える欠点を見つけて強みに変える

これを読んだあなたは、「そんな難しいこと無理！」と思われたかもしれません。

そんな方は、まずは自分の欠点と向き合って、その中で使える部分と使えない部分を選別することからはじめると良いと思います。

欠点を隠すために無理して自分を装ってしまうと、その自分が出た時、強烈に言い訳したり、カッとなって否定したくなってしまいます。欠点を隠して完璧な自分を作ろうとすると、息苦

しくなるばかり。どんなに隠しても、コンプレックスとなってずっとつきまとってきます。
　誰かから嫌なことを言われた時、仕事で失敗した時、「私が悪いんじゃない」とか「あなたからそんなこと言われたくないわ！」なんて、カーっとなって全力で反応するあなた。刺激を受けた時のこの反応こそが、今の自分を映し出しています。
　まさに、これがあなたのブラックポイント。そこには、隠れていた本当の自分の感情があります。
　自分と向き合う時に一番大切なことは、「原因は相手や環境ではない」ということ。

ブラックポイントはラッキーポイントにもなる

　ブラックポイントは自分の捉え方、考え方、感じ方。本気で自分と向き合い、自分自身を受け入れた時こそ、変わることができるのです。

　自分の器が大きくなれば、大きくなった分だけものが入ります。人も、素敵なものも、幸せな運命も……。ですから、まさにブラックポイントはラッキーポイントなのです。

　人生は自分の思い方ですべてが決まります。

　あなたしか自分の運命を変えることはできません。

どうか、嫌な自分から目をそらさないで。

使えないところを自覚して、変わる勇気をもてば、本当の自分に自信もついてきます。それは、素敵な第二の人生の始まりです。

2人で旅することで、より客観的に自分と向き合えるように

自分1人でそんな難しいことはできない！　と感じる方には、2人旅をおすすめします。2人で旅をすると、相手を通して深い気づきを得たり、何より、感動を共有することができます。私たち2人は、お互いに正面から自分と向き合ったり、心の勉強をしたりすることで、素晴らしい相棒に会うことができました。

こんな相棒に巡り会えたのは、決して偶然ではない、とお互い感じていましたが、運命が引き合わせてくれたからといって、ずっとうまくいくなんてことはありません。私たちがうまくいっているのは、お互いが自分のことをよく知ろうと努力し、そして相棒が自分の弱さと向き合っている姿を心から尊敬してきたからです。

2人だからこそたどり着ける真実がある

みなさんもぜひ、自分の欠点と向き合い、ポジティブに乗り越えるためにも、今回、旅の舞台になったバリに出かけてみてください。バリには、神々が宿り、魂を浄化させる力があります。

そして、できる方は、ぜひ心許せる仲間や相棒と一緒にこの島を訪れてみてください。1人だと見えて来ないことも、2人だと真実に辿りつけることがあります。そして、2人だからこそ、どんな困難に直面しても笑いに変えられるのです。

これからの人生を謳歌させるためにも、バリ島で心の終活をはじめてみませんか？

30W IP66

Happy Bali peoples

バリ島の人たちは、ちょっぴりシャイ。
でも、目が合うとにっこりと微笑んでくれる。
陽気で明るくて素直で、いつも笑顔を絶やさない。
Happy Bali peoples
人はできないことや失敗があっていい、
最後に笑顔になることができるなら……。
最後のメッセージは、バリ島をこよなく愛する人から。

「BALIに住む人々は、特別人懐っこいんや。
こんな人種、世界中どこを探してもおらへん。
バァーと手を振ったら、
全身全霊でバァーっと振りかえしてくれるんや。
それがBALI ！」

By　BALI島アニキ

※以下は、スピリチュアル専門の旅行会社、
「ダリ・ハティ・バリ」を通して体験できます。

P14　チョコルダ・グデ・ライ氏の伝統的治療
P19　イダ・レシ氏の浄化儀式
P22　アユ・ラクシュミ氏の占い
P34　ティルタ・スダマラ寺院の沐浴
P38　地元ワルンの魚料理レストラン
P40　地元ワルンのヤギ料理レストラン
P56　クヘン寺院
P78　ランプヤン寺院

darihatibali（ダリ・ハティ・バリ）
ホームページ：http://darihatibali.com/
電話：(6281)339338919

Special Thanks!!
Chiyo Ohno（グラフィックデザイナー）
ロカパラ・ヴィラのオーナー、若菜さんの友人の素敵な画家さん。
彼女の生み出す作品に一目ぼれし、本書の挿絵をお願いしました。
自然を愛し、愛に溢れる、バリに溶け込んだ素敵なアーティストです。

ホームページ：http://chiyo.vivian.jp

今回の旅で立ち寄った場所

P26　松原亜希子さんの手相鑑定 Palm Reading
電話：+62（0）81916245066
ホームページ：http://songket.exblog.jp/11025031/

P42　Cantica Spa Zest
電話：(8510) 0944425
ホームページ：http://www.cantikazestbali.com/

P46　Body Works Centre クトゥ・アルサナ氏のマッサージ
電話：(361)975720
ホームページ：http://www.ubudbodyworkscentre.com/

P52　BIORESONANZ Therapy
電話：(361) 9908806

P54　タクスヨガ　TAKSU SPA&RESTAURANT
電話：(361)4792525
ホームページ：http://www.taksuspa.com/

P66　Loka Pala Villa
電話：(361) 972934
ホームページ：https://www.lokapalavilla.com/jp/

・Loka Pala Villa（ロカパラ・ヴィラ）

　　1泊朝食付き　1部屋　1,100,000 ルピア

・地元の花屋で買った花代　90,000 ルピア

・dari HATI BALI ～浄化浄化徹底浄化ツアー～

　　1人　700,000 ルピア

　　ヴィラの送迎

　　ティルタ・スダマラ寺院の沐浴

　　イダ・レシ氏の浄化儀式（お布施もツアー料金に含む）

　　クヘン寺院参拝

※以下は、ツアー料金とは別に費用がかかります

・チョコルダ・グデ・ライ氏　お布施

　　1人　300,000 ルピア

・アユ・ラクシュミ氏　個人鑑定料

　　1人　250,000 ルピア

・dari HATI BALI　kara ～早朝のランプヤン寺院ツアー～

　　1人　1,500,000 ルピア

☆1ルピア＝ 0.007779 円 (2018 年4月6日現在)

※料金は変更になっている場合があります。

　予約する際は、金額の確認をお願いします。

旅の経費

・松原亜希子さんの手相鑑定（20 分）

　　1 人　約 650,000 ルピア（日本円で 5000 円）

・Cantica Spa Zest（サンティカスパ・ゼスト）

　　（60 分　ボディーマッサージ＋クリームバス）

　　1 人　412,500 ルピア

・Body Works Centre（ボディーワークスセンター）

　　クトゥ・アルサナ氏

　　マッサージ代　1 人　575,000 ルピア

・BIORESONANZ Therapy（バイオレゾナンスセラピー）

　　（全身検査＋治療代）　1 人　950,000 ルピア

・タクスヨガ（90 分）　1 人　120,000 ルピア

バリ海
バトゥール山
Pura Tirta Sudamala
ティルタ・スダマラ寺院 P34
Pura Kehen
クヘン寺院 P56
Pura Lempuyang
ランプヤン寺院 P78
Amlapura
アンラプラ
Ubud
ウブド
Bangli
バンリ
松原亜希子さん P26
Sidemen
シドゥメン
バイオレゾナンスセラピー P52
Kerobokan
クロボカン
inyak
ニャック
gian
ャン
Kuta
クタ
Sanur
サヌール
Denpasar
デンパサール
ングラ・ライ国際空港
Nusa Dua
ヌサ・ドゥア
Nusa Penida
プニタ島
Jimbaran
ジンバラン

Pulau Bali
バリ島
インド洋

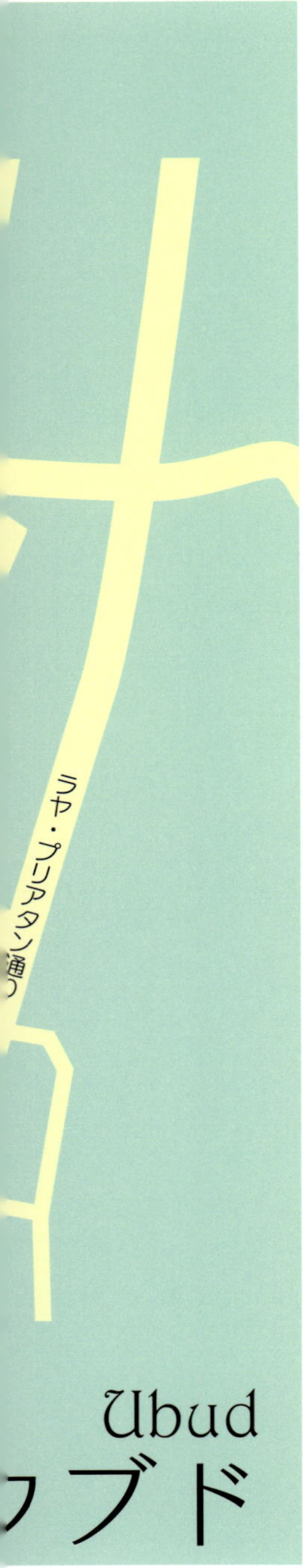
ラヤ・プリアタン通り
Ubud
ゥブド

サンティカスパ・ゼスト P42
ブランコ
ルネッサンス美術館
ラヤ・サヤン通り
Penestanan
プネスタナン

シドゥメン市場
ウンダ川
松原亜希子さん P26
H ギリ・チャリッ
Sidemem
シドゥメン

ピタ・マハ・リゾート&スパ P60
ラヤ・ウブド通り
ウブド
チョッ・プトラ通り
ボディワークスセンター P46
タクスヨガ P54
ビスマ通り
ハノマン通り
スグリーワ通り
モンキー・フォレスト通り
ロカパラ・ヴィラ P66

心残りのない
大満足の人生を送る 10 のこと
～心のエンディングノート～

Photographer yumie
写真家　柳澤 由美恵

銀蓮の大切なパートナー
小さいころから野山を駆け回り、美しい草花や昆虫たちと戯れるのが大好き
法律家になろうしたものの、好奇心旺盛な性格であちこち寄り道し、とうとう断念
今は、料理をメッセージとする活動のかたわら、フォトグラファーとして活躍する
蓮の花の美しさ、神秘さに魅せられ、蓮の写真家として 20 年
フィルムカメラでこの世に宿った瞬間の美を切り取っている

Ⅰ　自分が本当にやりたいこと

これは絶対に書きましょう。書くことによって、本当の自分の気持ちに気づきます。
また、書くことでやりたいことがより具体的になり、実現がぐっと近くなります。

II　絶対に見てみたいもの、見に行きたいもの

写真や映像も良いですが、思い切って本物を見に行きましょう！　感動することはもちろん、想像と違っている場合もありますが、あなたが感じたその体験こそが、大切です。

Ⅲ　絶対食べに行きたいところ、食べてみたいもの

食べることはエネルギー。食べたいものを残して、人は絶対に死ねません。

Ⅳ　謝っておきたい人

みんな、少なからず人生の中で謝っておきたい人っているものです。この勇気が自分を許す大きな一歩。心置きなくこれからの人生を楽しめる大きな一歩になります。

V　自分を許す

初めての子育ての時、本当はのびのびと育てたかったのに、素直ないい子に育ってほしいと必死になって、自分の気持ちを押し付けすぎてしまった自分。

友人や家族に言いすぎてしまったひと言。

守れなかった約束。

裏切ってしまったこと。

その時は一生懸命だったんです。

その時はまだ、未熟だったんです。

後悔している自分を許してあげましょう。ノートに書き終えたら、さあ解放の時です。

Ⅵ　借りを返す

人から恩を受けたことや、借りっぱなしになっているものはありませんか？　倍返しの気持ちで返しましょう。

Ⅶ　愛している！　ということを、大切な人に伝える

日本人はこの言葉を伝えるのが苦手です。でも、勇気を出して言ってみて！　そうすることで、明日からあなたの人生はガラリと変わってくることでしょう。

さあ、あなたは誰にこの言葉を伝えますか？

Ⅷ　大切なものを、一つ手放す

生きているうちに、大切なものを誰かにあげましょう。断捨離ではありません、大切なものを一つ手放すのです。見えない先の怖さや不安から、人は多くを自分のものにしてしまうもの。　不安や取り越し苦労ほど、無駄なものはありません。自分の人生を信じるのです。あの世には、物は持って行けないのですから。

Ⅸ　最後まで好きなことに手を抜かない

ファッションが好きな人、お料理が好きな人。人それぞれに好きなものが違います。好きなものだけは最後まで手を抜かず、自分らしさを大切にしましょう。そんなあなたは間違いなく素敵です。

X　誰かのためにあなたができること

人は尽くしてもらうより、誰かのために尽くす方が力が湧くもの。
自分の持っているもので、誰かの役に立ちながら人生を堪能しましょう。

岡本弥生（Yayoi Okamoto）

1960年、山口県生まれ。GINRENのバイヤー。

旅先で小道を見つけて散歩すること、料理することが大好き。旅先で出会ったいろんな風景や、人々の暮らしをエッセンスに、ヨーロッパアンティークやブロカント、アクセサリーや雑貨等、ヨーロッパやアジアを旅しながら買い付けしている。いままでに訪れた場所は、台湾、韓国、ベトナム、バリ島、ハワイ、フランス、ベルギー、オランダ、イタリアなど。

舛田有美　(Yumi Masuda)

1968年、山口県生まれ。GINRENのアーティフィシャルフラワーデザイナー。

2007年、Masako Art of Flower主宰・三好雅子氏の作品に出会いアトリエの門を叩く。2009年、salon de Masako Decoration Florale a paris フランスでディプロマを取得。2012年、表参道ヒルズにて３人のフラワーアーティスト展 TROIS Collectionを開く。

自分の手先から紡ぎ出したアレンジに真心を込め、見る人に癒《いや》しのエネルギーを感じてもらえるようにと、願いを込め制作している。

2019年5月、神戸北野坂にて4人のフラワーアーティスト展を開催予定

GINREN（銀蓮）

バイヤー岡本弥生とアーティフィシャルフラワーデザイナー舛田有美のチーム名。

2008年以降、毎年、GINRENとして百貨店・井筒屋で展示販売をしている。

2015年、南フランスのエクス・アン・プロヴァンスに2人で30日間滞在。帰国後、その時の体験を綴ったエッセイ『女２人旅　プロヴァンス　30日 30万円の極上暮らし』（みらいパブリッシング）を上梓。


ブログ「GINREN ～大人の女性に贈る～」http://ginren.com/

2人旅

女２人旅
バリではじめる心の終活

2018年５月23日　初版第１刷

著　者　岡本《おかもと》弥生《やよい》　舛田《ますだ》有美《ゆみ》

発行人　松﨑義行
発　行　みらいパブリッシング
東京都杉並区高円寺南4-26-5 YSビル3F 〒166-0003
TEL03-5913-8611　FAX03-5913-8011
http://miraipub.jp　E-mail : info@miraipub.jp
発　売　星雲社
東京都文京区水道1-3-30 〒112-0005
TEL03-3868-3275　FAX03-3868-6588
編　集　諸井和美
編集協力　三村真佑美
装　幀　堀川さゆり
印刷・製本　株式会社上野印刷所

ISBN978-4-434-24720-0 C0026